Paulus Vennebusch

VOLLJÄHRIG
für Einsteiger

arsEdition

„Alle *Kinder* werden erwachsen – außer einem."

Aus „Peter Pan" von James Matthew Barrie (1860-1937), schottischer Schriftsteller und Dramatiker

ENDLICH 18!

Liebes Geburtstagskind ... nein, es muss jetzt ja heißen: „Lieber Geburtstags-ERWACHSENER"! Herzlichen Glückwunsch zu Ihrem 18. Geburtstag! Endlich sind Sie volljährig und können tun und lassen, was Sie wollen. Auf diesen Tag haben Sie lange gewartet, und Sie ... ja, schon gut, du hast recht: Natürlich ist es albern, dich plötzlich zu siezen, nur weil 18 Kerzen auf der Torte brennen. Du bist schließlich immer noch Teenager und genauso cool und gechillt wie mit 17, aber als volljährige Person wird dir von nun an immer öfter das „Sie" angeboten.

☐ OB *du* WILLST ODER NICHT.
☐ OB *Sie* WOLLEN ODER NICHT.
(Zutreffendes bitte ankreuzen)

VOM *Du* ZUM *Sie*

Es gibt kein Gesetz, das vorschreibt, ab wann ein Mensch gesiezt werden muss. Es ist bei uns allerdings allgemein üblich, Erwachsene erst mal zu siezen. Ob in der Bäckerei, beim Arzt oder in der Straßenbahn: Auch du wirst nun immer öfter mit der Höflichkeitsform „Sie" angesprochen. Selbst deine Lehrer machen das: Sie beschimpfen dich zwar immer noch, jetzt aber in der 3. Person Plural. Das „Du" gilt natürlich weiterhin unter Freunden, in der Familie – und (vor allem, immer und wehe nicht!) bei Ikea.

DU ODER SIE? WAS SICH JETZT ÄNDERT

UNTER 18	AB 18
Du	Sie
Dubai	Siebai
Dudelsack	Siedelsack
Duschen	Sieschen
Kakadu	Kakasie
Dunstabzugshaube	Sienstabzugshaube
Duden	Sieden
Dubidubidu	Siebisiebisie
Sanduhr	Sansiehr

DER ~~KLÜGERE~~ KLEINERE
gibt nach

Dein ganzes Leben lang hast du mit deinen Eltern diskutieren müssen:

Wie lange darf ich aufbleiben? Wann muss ich wieder zu Hause sein? Muss ich wirklich Gummistiefel anziehen, nur weil es in Strömen regnet? Und was spricht eigentlich dagegen, mit grün gefärbten Haaren und zerrissenen Jeans zu Omas 70. Geburtstag zu erscheinen?

In vielen Fällen hättest du dir die Formulierung deiner Anliegen auch sparen können, denn deine Eltern saßen schlicht und ergreifend am längeren Hebel. Oft hieß es dann: „Solange du deine Füße unter meinen Tisch stellst ..." Wobei du als Kind des 21. Jahrhunderts wahrscheinlich eher gesagt bekamst: „Solange dein Smartphone in unser WLAN eingeloggt ist ..."

ES LEBE DIE FREIHEIT!

Die Eltern bestimmen, wo es langgeht? Das ist endgültig vorbei. Denn falls deine Erzeuger dir irgendetwas vorschreiben wollen, kannst du ganz cool bleiben und ihnen einfach das Bürgerliche Gesetzbuch vor den Latz knallen, denn das Gesetz ist auf deiner Seite. Und deine Seite ist die, auf der § 2 BGB aufgeführt ist:

§ 2 EINTRITT DER VOLLJÄHRIGKEIT

DIE VOLLJÄHRIGKEIT TRITT MIT DER VOLLENDUNG DES 18. LEBENSJAHRES EIN.

Sollten Mama oder Papa sich also noch mal darüber beschweren, dass du dein Zimmer nicht aufgeräumt hast, ist deine Antwort klar: **„Verklagt mich doch!"**

„Jeder *junge Mensch* macht früher oder später die verblüffende Entdeckung, dass auch *Eltern* gelegentlich recht haben können."

André Malraux (1901–1976),
französischer Schriftsteller,
Drehbuchautor, Filmregisseur
und Politiker

MIT MUM UND DAD
auf Augenhöhe

Rein rechtlich können deine Eltern dir nichts mehr vorschreiben. Wenn du allerdings noch mit ihnen unter einem Dach wohnst – und das tun immerhin gut zwei Drittel aller jungen Deutschen zwischen 18 und 24 –, braucht ihr trotzdem weiterhin gewisse Regeln und Absprachen. Aber im Gegensatz zu früher könnt ihr sie jetzt gemeinsam aushandeln – und zwar auf Augenhöhe. Das bedeutet nicht, dass deine Eltern dich fragen müssen, ob sie noch eine halbe Stunde daddeln dürfen. Aber es tut eurer neuen Erwachsenen-WG gut, wenn jeder weiß, wie es um den anderen steht. Denn du bist zwar volljährig, aber trotzdem bleibst du das Kind deiner Eltern. Mama und Papa wollen also immer noch wissen, was du so treibst – sie haben allerdings keinen Anspruch mehr auf eine Antwort. Trotzdem wäre es nett, wenn du sie nicht völlig im Dunkeln tappen lässt. Stell dir vor, die beiden glauben, du bist für zwei Stunden im Kino, in Wirklichkeit machst du aber gerade ein Austauschjahr in Neuseeland.

GLEICHES RECHT FÜR ALLE

Du bist 18, also bist du volljährig. Daran gibt es nichts zu rütteln. Zumindest nicht in Deutschland.

Es gibt allerdings Länder, die das anders handhaben:

So gelten in manchen Staaten Mädchen schon mit acht Jahren als erwachsen, und es gibt Länder, wo Mama und Papa noch zur Rechenschaft gezogen werden, weil der 20-jährige Nachwuchs über einen Baustellenzaun geklettert ist.

WER WIRD WO WANN VOLLJÄHRIG?

8 JAHRE, 8 MONATE*: IRAN (MÄDCHEN)

14 JAHRE, 6 MONATE**: IRAN (JUNGEN)

16 JAHRE: Z. B. NEPAL, SCHOTTLAND, VIETNAM

17 JAHRE: NORDKOREA, TADSCHIKISTAN

19 JAHRE: Z. B. ALGERIEN, SÜDKOREA

20 JAHRE: Z. B. THAILAND, NEUSEELAND, TAIWAN

21 JAHRE: Z. B. KAMERUN, ÄGYPTEN, SINGAPUR

NIEMALS: PETER PAN IM NIMMERLAND

* entspricht 9 Mondjahren des islamischen Kalenders
** entspricht 15 Mondjahren des islamischen Kalenders

SUPER: *Du darfst!*

Du hast dir schon oft ausgemalt, wie es sein wird, endlich 18 zu sein. Und worauf hast du dich am meisten gefreut? Na klar: auf all die Freiheiten, die du jetzt hast. Denn ab sofort genießt du alle Rechte eines Erwachsenen. Du darfst also ohne Einwilligung deiner Eltern ein Konto eröffnen, deine Zeugnisse unterschreiben, wählen, rauchen, Kredite aufnehmen, Schnaps trinken, Lotto spielen, ohne Begleitung Auto fahren, dich tätowieren lassen, mehr als vierzig Stunden pro Woche arbeiten, Bungee-Jumping machen, bis morgens um fünf in einer Bar abhängen, eine Wohnung mieten, ein Testament verfassen, heiraten, Festivals besuchen, ins Solarium gehen, Verträge abschließen, Bundeskanzler werden ... puh, das ist eine Menge, stimmt's?

ABER MACH DIR KEINEN STRESS: Es gibt kein Gesetz, das besagt, dass du wirklich ALLE Rechte auch in Anspruch nehmen musst.

WENIGER SUPER: *Du musst!*

Schön, dass du jetzt so viel darfst. Leider – und das ist die schlechte Nachricht – hast du aber genauso viele neue Pflichten. Denn du musst alles, was du tust und wofür du dich entscheidest, nicht nur vor dir selbst verantworten, sondern auch vor dem Gesetz und im schlimmsten Fall vor Gericht. „Eltern haften für ihre Kinder" gilt für dich nun nicht mehr. Den Mist, den du anstellst, musst du als Erwachsener selber ausbaden. Das heißt auch: Wenn deine Eltern unbedingt Ärger bekommen wollen, müssen sie schon selbst Verbotenes tun.

HOCH DIE TASSEN!

(ABER WER TRINKT SCHON SCHNAPS AUS TASSEN?)

Laut Gesetz darfst du Wein und Bier schon kaufen und trinken, seit du 16 bist. Jetzt aber steht dir die komplette Getränkekarte deiner Lieblingsbar offen. Ob Rum, Likör, Schnaps, Wodka, Cognac, Whiskey oder Cocktail – jeder Drink ist erlaubt, egal wie hoch der Alkoholgehalt ist.

VON HMMMM BIS HICKS –
SO VIEL IST DRIN IM DRINK

BIER	**4-6 VoL.-%**
WEIN	**10-14 VoL.-%**
LIKÖR	**15-30 VoL.-%**
SCHNAPS	**30-35 VoL.-%**
GIN	**38-47 VoL.-%**
WHISKEY	**MINDESTENS 40 VoL.-%**
RUM	**40-55 VoL.-%**
STROHRUM	**40-80 VoL.-%**
ABSINTH	**BIS 89,9 VoL.-%**

Und wenn du zu viel von dem Zeug trinkst:

KATER-GARANTIE	**100 %**

„Mit dem Rauchen aufzuhören, ist kinderleicht. Ich habe es schon hundertmal geschafft."

Mark Twain (1835–1910),
US-amerikanischer Schriftsteller

OHNE RAUCH

geht's auch

Zählst du zu den 20 Prozent der Teenager, die schon vor ihrem 18. Geburtstag rauchen? Oder bist du vernünftig und hast gar nicht erst angefangen? Egal, was du bisher getan oder gelassen hast: Ab jetzt ist es nicht mehr illegal, falls du mal zur Fluppe greifst. Denn als volljährige Person darfst du Zigaretten kaufen und konsumieren. Und das, obwohl jeder weiß, dass Rauchen ungesund ist – schließlich zeigen die Fotos auf den Zigarettenpackungen keine Schminktipps für Halloween, sondern mögliche Folgen des Tabakkonsums. Manche halten Rauchen trotzdem für cool, aber die **COOLNESS HAT IHREN PREIS:**
Schon zehn Zigaretten am Tag kosten über 1000 Euro im Jahr. Dafür kriegt man auch das geilste Smartphone ever. Und das ist mindestens genauso cool.

DEIN NEUES LIEBLINGS-ABC:
AUSGEHEN, BARS, CLUBS

18 Jahre lang hast du deinen Eltern Löcher in den Bauch gefragt:

**„Wo ist mein Schnuller?", „Warum scheint die Sonne?",
„Wo kommen die kleinen Kinder her?"** und (vor allem in
den letzten Jahren) **„Wann muss ich zu Hause sein?".**

Auf die ersten drei Fragen hast du längst befriedigende
Antworten erhalten und die vierte Frage musst du endlich
nie wieder stellen: Denn mit 18 kannst du davon ausgehen,
dass du ausgehen kannst, bis die Lichter ausgehen.

Bisher musstest du deinen Lieblingsladen spätestens um 24 Uhr verlassen, aber jetzt kannst du so lange in Bars, Clubs, Diskotheken oder Kneipen feiern, wie du möchtest. Das ist cool, aber zu viel solltest du von deiner neuen Freiheit nicht erwarten. Denn nach Mitternacht hängen selbst im angesagtesten Club der Welt nur noch Leute rum, mit denen du bisher nicht viel zu tun haben wolltest:

NÄMLICH ERWACHSENE.

18 IST GUT –
KONTROLLE IST BESSER

Dein **PERSONALAUSWEIS** ist jetzt mehr als nur ein Kärtchen,
das dein Portemonnaie sechs Gramm schwerer macht.

Er ist das Ticket in eine Welt voller neuer FREIHEITEN.

Ob an der Supermarktkasse, bei der Eingangskontrolle deines Lieblings-
Festivals oder bei Vertragsabschluss – dein Perso kann Türen öffnen.
(Das kann er übrigens tatsächlich: Mit ein bisschen Geschick macht das
Plastikkärtchen den Anruf beim Schlüsseldienst überflüssig.)

Vielleicht ärgerst du dich hin und wieder, dein Alter immer noch nachweisen zu müssen – schließlich kann doch jeder sehen, dass du jetzt erwachsen bist! Aber eigentlich ist es auch ganz schön. Es gibt Menschen, die sich geschmeichelt fühlen würden, wenn sie am Eingang der Disco noch ihren Ausweis vorzeigen müssten – **frag mal deine Eltern!**

„Ich bin schon zweimal durch die *Fahrprüfung* gefallen. Damit ist der Führerschein *teurer* als die Brust-OP!"

Daniela Katzenberger (*1986),
deutsches Model und Schauspielerin

BAHN FREI - HIER KOMM ICH

Früher hatte man einen Grund mehr, sich auf den 18. Geburtstag zu freuen, denn erst dann hatte man die Möglichkeit, den Führerschein zu machen. Du hast deinen vielleicht schon, denn mittlerweile darf man bereits mit 17 hinters Steuer. Allerdings nur in Begleitung eines mindestens 30-jährigen Erwachsenen. Das ist in den meisten Fällen ein Elternteil. Und das ist nicht ganz so cool. Vor allem, wenn man mit seinem neuen Date einen abgelegenen Parkplatz ansteuert, um ungestört zu knutschen, und dann fragt Papa auf dem Beifahrersitz: „Sagt mal, ihr zwei: Stört es euch, wenn ich das Licht anmache? Ich möchte noch ein bisschen lesen."

MEIN RECHTER, RECHTER PLATZ IST FREI ...

Begleitetes Fahren ist für dich ab sofort Schnee von gestern.
Mit 18 darfst du ohne Aufpasser hinters Steuer – und wenn du
trotzdem jemanden mitnehmen möchtest, kannst du dir deinen
Beifahrer selbst aussuchen. Das bedeutet auch: Jetzt ist es nicht
mehr ganz so tragisch, wenn du mal von einer Radarfalle
geblitzt werden solltest. Klar, zahlen musst du trotzdem. Aber
immerhin zeigt das Blitzer-Foto neben dir die Person, mit der
du unterwegs sein **WOLLTEST** – und nicht die, mit der du es
MUSSTEST. Und das ist eine echte Verbesserung – schließlich
ist nichts so peinlich wie ein Selfie mit Mama!

„Den *Führerschein* habe ich für meine alten Tage gemacht, wenn ich einen *Bauch* und eine *Harley* habe."

Nico Rosberg (*1985),
ehemaliger deutscher Formel-1-Weltmeister

BABY, YOU CAN DRIVE *your* CAR

Falls du schon Auto fahren darfst, wirst du bisher vermutlich mit der Karre deiner Eltern unterwegs gewesen sein. Es sei denn, du hattest so viel Glück wie US-Popstar Miley Cyrus und hast bereits zu deinem 16. Geburtstag einen nagelneuen Porsche Cayenne geschenkt bekommen. Aber jetzt bist du geschäftsfähig und darfst auf eigenen Namen das Auto deiner Träume erwerben – natürlich nur, wenn du das nötige Kleingeld zur Seite gelegt hast. Für die meisten deiner Altersgenossen heißt das: „secondhand" statt „nagelneu". Aber es lohnt sich zu vergleichen: Ein fabrikneuer Dacia Sandero ist schon für unter 7000 Euro zu haben, für einen Gebrauchtwagen musst du gegebenenfalls etwas tiefer in die Tasche greifen. So wechselte vor ein paar Jahren ein Ferrari 335 S von 1957 für schlappe 33,4 Millionen Euro den Besitzer. Viel Geld für einen Gebrauchten – und der hat noch nicht mal einen Katalysator!

„Das *erste Auto* im Leben vergisst man ebenso wenig wie die *erste Frau*."

Stirling Moss (*1929), ehemaliger britischer Automobilrennfahrer

#*Tattoo*
#METOO!

Es ist schon lustig: Wenn sich eine Mücke in unserem Schlafzimmer verirrt, machen wir die ganze Nacht kein Auge zu – aus Angst, **EINMAL** gestochen zu werden. Und am Tag darauf rennen wir zum Tätowierer und lassen uns bis zu 10000 Stiche verpassen – pro **MINUTE**! Und völlig freiwillig! Dabei ist Tätowieren rechtlich gesehen Körperverletzung – und die darf nur ausgeübt werden, wenn eine schriftliche Einwilligung vorliegt. Auch wenn es in Deutschland kein gesetzliches Mindestalter für Tätowierungen gibt, lassen sich die meisten Tätowierer nicht auf Deals mit unter 18-Jährigen ein. Denn Verträge mit Minderjährigen sind juristisch nicht wirksam – und das kann Ärger für den Stecher geben.

MIT 18 KRIEGST DU JEDEN STICH

Aber jetzt bist du 18, und wenn du immer
schon von einem Tattoo geträumt hast,
deine Eltern es dir aber nie erlaubt haben,
ist jetzt deine Zeit gekommen: Du kannst
dich tätowieren lassen, wo und so viel du
möchtest – und deine Eltern können nichts
dagegen sagen, selbst wenn du dir etwas
anderes auf den Oberarm stechen lässt als
„Mama und Papa sind die Besten".

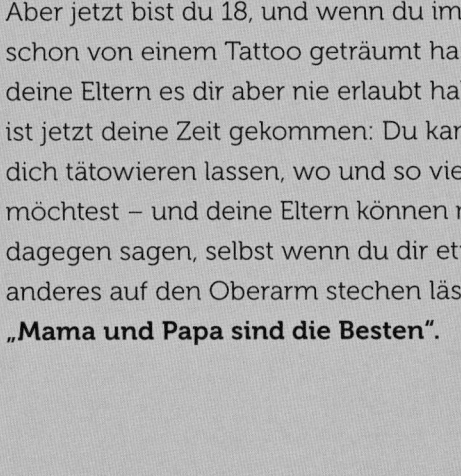

AUGEN AUF BEI DER MOTIVWAHL

Falls du dich für ein Tattoo entscheidest, solltest du bedenken, dass die Dinger zwar cool aussehen, aber leider nicht mehr so einfach abgehen. Der **NAME DEINES PARTNERS** auf dem Unterarm ist zwar ein toller Liebesbeweis, aber wenn die Beziehung irgendwann in die Brüche gehen sollte, bist du in der zukünftigen Partnerwahl ziemlich eingeschränkt – nach dem Motto:

„Suche Freundin. Alter und Aussehen egal, Hauptsache, sie heißt ‚LAURA'."

Ein weiteres beliebtes Motiv ist das eigene **GEBURTSDATUM**. Der Nachteil: Wenn du in 30 Jahren ein Date hast und dich dann jünger machen willst, als du bist, fliegt der Schwindel sofort auf. Unverfänglicher ist es, sich sein MHD stechen zu lassen: „Mindestens haltbar bis Ende 2099."

Schon lange im Trend sind auch **ASIATISCHE SCHRIFTZEICHEN**. In diesem Fall ist die wichtigste Frage: Kann mein Tätowierer so gut Chinesisch, wie er vorgibt? Denn es soll Menschen geben, die jahrelang glauben, auf ihrem Nacken steht „feuriger Tiger auf der Jagd", während das Zeichen in Wirklichkeit bedeutet: „Milchbrötchen vom Vortag 50 % billiger."

„Die *Wahlen* sind frei, kostenlos, manche sagen sogar, sie sind *umsonst*."

Volker Pispers (*1958), deutscher Kabarettist

DAS KREUZ MIT DEN KREUZEN

Bisher haben deine Kreuze nur beim Tic-Tac-Toe gezählt, aber jetzt können sie eine echte Bedeutung bekommen. Und damit ist nicht der Lottoschein gemeint (obwohl auch das zu deinen neuen Rechten zählt: Du darfst jetzt an Glücksspielen teilnehmen), sondern der Wahlzettel.

Von den zahlreichen Rechten, die du mit 18 hast, sind die meisten optional. Das heißt: Du **KANNST** sie wahrnehmen, **MUSST** es aber nicht. Rauchen? Schmuddelfilmchen gucken? Einen Hund anschaffen? Deine Sache, ob du Bock drauf hast oder nicht. Das Gleiche gilt auch für das Wahlrecht. Das allerdings solltest du auf jeden Fall in Anspruch nehmen. Statt **„Wahrheit oder Pflicht"** sollte es für dich jetzt heißen: **„Wahlrecht ist 'ne Pflicht."**

DU HAST DIE QUAL
der Wahl

In einigen Bundesländern können deutsche Staatsbürger schon mit 16 an Kommunal- oder Landtagswahlen teilnehmen, jetzt aber gehörst du zu den über 60 Millionen wahlberechtigten Deutschen, die auch auf Bundesebene mitreden dürfen. Du hast also endlich die Möglichkeit, aktiv dein Land mitzugestalten. Und das ist wichtig. Denn Demokratie funktioniert dann am besten, wenn möglichst viele mitmachen. Also: Mach das Wahlrecht zu deiner persönlichen Pflicht, denn im Leben ist es wie im Restaurant:

Wenn der Kellner kommt und fragt: **„HABEN SIE GEWÄHLT?"**, lautet die Antwort im besten Falle: **„JA"**.

„Beliebtheit sollte kein Maßstab für die Wahl von Politikern sein. Wenn es auf die Popularität ankäme, säßen Donald Duck und die Muppets längst im Senat."

Orson Welles (1915–1985),
US-amerikanischer Filmregisseur,
Schauspieler und Autor

MÖGE DIE MACHT

MIT DIR SEIN

Neben dem aktiven Wahlrecht genießt du als deutscher Erwachsener auch das passive Wahlrecht. Das heißt: Du darfst nicht nur wählen, sondern auch gewählt WERDEN: Bundestagsmandat, Ministerposten – sogar das Kanzleramt steht dir offen. Zumindest theoretisch. Denn bisher waren die Kanzler immer deutlich älter: Der erste deutsche Bundeskanzler, Konrad Adenauer, kam 1949 im zarten Alter von 73 Jahren ins Amt. Helmut Kohl, der 1982 als bisher jüngster deutscher Kanzler seinen Posten antrat, war immerhin auch schon 52.

Selbst der jüngste Regierungschef der Welt, der österreichische Bundeskanzler Sebastian Kurz, war bei Amtsantritt mit 31 Jahren immerhin schon ein THIRTYSOMETHING. Aber vielleicht kannst du ihn toppen – du brauchst nur genügend Follower ... äh: Wähler.

FREIES WLAN FÜR ALLE

Es werden nicht mehr Wähler-stimmen, sondern Clicks gezählt.

Dein Lieblings-YouTube-Star wird Bildungsminister.

Das Kanzler-Duell wird direkt an der **X-BOX** ausgetragen.

BUNDESKANZLER/IN MIT 18?
DAS WÜRDE SICH ÄNDERN:

Korrupte Politiker machen weiterhin Karriere, aber nicht in Aufsichtsräten, sondern im **DSCHUNGELCAMP.**

Die Nationalhymne ist nicht mehr von Joseph Haydn, sondern von **JUSTIN BIEBER.**

VIER WÄNDE NUR FÜR DICH

Natürlich gibt es junge Menschen, die schon vor ihrem 18. Geburtstag eine eigene Wohnung haben. Genauso gibt es solche, die mit vierzig noch im Hotel Mama residieren. Aber für die meisten gilt: Ab 18 rückt er näher, der Traum von der eigenen Bude. Schließlich bist du nicht mehr auf das Okay deiner Eltern angewiesen. Denn du bist jetzt unbeschränkt geschäftsfähig und kannst ganz allein einen Mietvertrag unterschreiben. Fehlt eigentlich nur noch eine geeignete Unterkunft. Und das ist in vielen Regionen gar nicht so einfach. Gerade in den Städten gibt es eigentlich nur eine Möglichkeit, an ein bezahlbares Zimmer zu kommen:

Man überfällt eine Bank, lässt sich erwischen und bekommt so für ein paar Jahre ein kostenloses Einzelzimmer in der JVA.

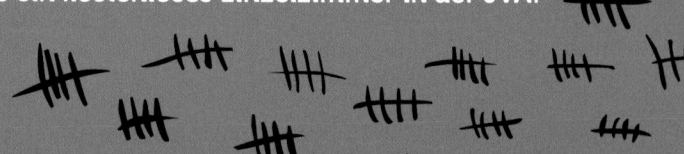

SUCHST DU NOCH

ODER WOHNST DU SCHON?

In vielen Städten ist es also leichter, einem Vegetarier einen Mett-Igel anzudrehen, als eine bezahlbare Wohnung zu finden. Und wenn mal tatsächlich eine schöne Bleibe frei ist, stehst du mit 380 Mitbewerbern in der Schlange und hast ungefähr so große Chancen auf Erfolg wie Andrea Nahles beim „Bachelor". Oft bleibt einem nur der Weg zum Makler, doch der hält für die Wohnungsvermittlung ordentlich die Hand auf. Zu Recht, denn er hat eine Fähigkeit, die außer ihm niemand hat: Er redet in seinen Wohnungsanzeigen noch die letzte Bruchbude schön. Um später nicht enttäuscht zu werden, lernst du besser vorher eine neue Fremdsprache:

MAKLERDEUTSCH.

MAKLER: WAS SIE SAGEN – WAS SIE MEINEN

DER MAKLER SAGT: „Verkehrsgünstig gelegen."
DER MAKLER MEINT: Die Wohnung liegt unmittelbar unter einer Autobahnbrücke.

DER MAKLER SAGT: „Perfekt für Singles."
DER MAKLER MEINT: Die Wohnung hat ungefähr die Größe eines Dixi-Klos.

DER MAKLER SAGT: „Gemütliche Schrägen und eigene Dachterrasse."
DER MAKLER MEINT: Das Zelt steht auf einem Garagendach.

DER MAKLER SAGT: „Wenige Autominuten vom Stadtzentrum entfernt."
DER MAKLER MEINT: Ohne Auto kommst du nicht mal in die NÄHE zivilisierten Lebens.

DER MAKLER SAGT: „Idyllisch gelegen."
DER MAKLER MEINT: Deine Nachbarschaft:
Rehe, Spechte, Pilze.

DER MAKLER SAGT: „Mitten im Szeneviertel."
DER MAKLER MEINT: An Wochenenden,
Karneval und Halloween wird dein Hausein-
gang als öffentliche Toilette benutzt.
Außerdem ist es bis 5 Uhr morgens lauter als
auf einem Heavy-Metal-Konzert. Dafür zahlst
du aber auch das Doppelte der ortsüblichen
Miete.

DER MAKLER SAGT: „Individueller Grundriss."
DER MAKLER MEINT: Das Objekt ist unbe-
wohnbar – es sei denn, du suchst einen
Irrgarten.

WAS FÜR EIN WOHNTYP BIN ICH?

ICH PUTZE MEIN ZIMMER ...

a) einmal in der Woche.

b) einmal im Jahr.

c) keine Ahnung, da muss ich Mama fragen.

DAS MUSS MEIN KÜHLSCHRANK AUF JEDEN FALL SEIN:

a) günstig.

b) abschließbar.

c) voll.

WAS IST DAS?

a) ein Staubsauger.

b) ein ewiges Streitobjekt.

c) nie gesehen – vielleicht ein Roboter aus einem frühen „Star Wars"-Film?

WANN BRINGE ICH DEN MÜLL RAUS?

a) wenn er voll ist.

b) wenn er anfängt zu leben.

c) jedes Jahr zum Muttertag.

EINE WC-ENTE IST …

a) hilfreich bei der Toilettenreinigung, denn man kommt mit ihr unter den Rand.

b) immer alle. Genau wie Klopapier, Kaffee, Zahncreme, Kühlschrank und Müsli.

c) das Lieblingstier meiner Mutter.

WAS PASSIERT MIT DRECKIGEM GESCHIRR?

a) Ich spüle es.

b) Es wird in der Küche gestapelt und beim nächsten Umzug weggeworfen.

c) Es wird über Nacht wie von Zauberhand wieder sauber.

TYP A:

Glückwunsch! Du bist nicht nur 18, sondern auch in der Lage, ein Leben in den eigenen vier Wänden zu führen, ohne dabei im Chaos zu versinken.

TYP B:

Du bist kein Typ, der sich gern um alles allein kümmert – für dich ist eine Wohngemeinschaft ideal. Dort teilst du dir die Verantwortung mit deinen Mitbewohnern. Ihr erstellt Putzpläne und Einkaufslisten – und kurz bevor du dran bist, ziehst du einfach aus in die nächste WG.

TYP C:

Volljährig? Ja. Selbstständig? Nö. Denn du bist Dauermieter im Hotel Mama. Kann man machen. Ist ja auch schön bequem. Allerdings auch ziemlich uncool. Du solltest dich langsam, aber sicher emanzipieren. Ein erster Schritt: Bitte deine Mama, dir nicht mehr vor den Augen deiner Freunde die Nutella-Reste aus dem Mundwinkel zu wischen.

„Die *Jugend* wäre eine schönere Zeit, wenn sie erst *später* im *Leben* käme."

Charlie Chaplin (1889–1977),
britischer Schauspieler, Regisseur
und Komiker

DIE MAGISCHE 18 – GENIESSE DIE ZEIT

Du hast keinen Geburtstag so sehr herbeigesehnt wie den 18. Endlich machst du dich auf den Weg ins wahre Leben. Viele werden dich um diese Phase beneiden: die Jüngeren, weil sie das, was du darfst, noch nicht dürfen. Und die Älteren, weil die Privilegien der Volljährigkeit für sie längst normal geworden sind.

Genieße die Zeit, denn ehe du dich's versiehst, bist du 19 – und damit ein stinknormaler Erwachsener, der gemeinsam mit Eltern, Großeltern, Lehrern und Arbeitgebern einen wenig exklusiven Verein bildet:

DEN „CLUB DER EHEMALIGEN 18-JÄHRIGEN".

Wir danken folgenden Autoren und Verlagen für Abdruckgenehmigungen:

S. 22: © Daniela Katzenberger; S. 32: © Volker Pispers

In einigen Fällen war es nicht möglich, für den Abdruck der Texte die Rechteinhaber zu ermitteln.
Honoraransprüche der Autoren, Verlage und ihrer Rechtsnachfolger bleiben gewahrt.

© 2018 arsEdition GmbH, Friedrichstr. 9, D-80801 München

arsedition.de/service

Alle Rechte vorbehalten

Text: Paulus Vennebusch

Covergestaltung: arsEdition

Gestaltung Innenteil: Tina Agard

Illustration Cover: Julia Poleeva/Shutterstock.com

Illustrationen Innenteil: qnak/Shutterstock.com (S. 2, 28, 29), Happiest Sima/Shutterstock.com (S. 3, 4, 5, 8, 27),
Irina Strelnikova/Shutterstock.com (S. 7, 12, 13, 37, 44, 45), NPeter/Shutterstock.com (S. 11), Inspiring/Shutter-
stock.com (S. 14, 15), KittyVector/Shutterstock.com (S. 16, 17), Plasteed/Shutterstock.com (S. 20, 21), Quarta/
Shutterstock.com (S. 22), jrockdesign/Shutterstock.com (S. 24, 25), Perfect Vectors/Shutterstock.com (S. 27),
Vecster/Shutterstock.com (S. 28, 29), Tairy Greene/Shutterstock.com (S. 29), Sakuoka/Shutterstock.com (S. 31),
Dahlia/Shutterstock.com (S. 32, 33), Mikko Lemola/Shutterstock.com (S. 34, 35, 39), abeadev/Shutterstock.com
(S. 38), studiostoks/Shutterstock.com (S. 40, 41), Fouaddesigns/Shutterstock.com (S. 42), YevO/Shutterstock.com
(S. 43, 44, 45), robuart/Shutterstock.com (S. 46, 47)

ISBN 978-3-8458-2691-2

www.arsedition.de